# L'HYMEN
## AUGURE
## DE LA PAIX.

# L'HYMEN AUGURE DE LA PAIX.

## SCENES HEROIQUES, EN VERS,

### A L'OCCASION DU MARIAGE DE MONSEIGNEUR LE DAUPHIN.

A PARIS,
Chez CHARLES ROBUSTEL, Quay des Augustins.

───────────

M. DCC. XLV.
AVEC PERMISSION.

# PERSONNAGES.

LA PAIX.
LA FRANCE.
LA RENOMME'E.
MARS.
L'HYMEN.

# L'HYMEN AUGURE DE LA PAIX.

## SCENE PREMIERE.

### LA PAIX.

De quel éclat nouveau vois-je briller les lys ?
Ces bords charmans sont encor embellis,
Peuple heureux, vous voyez une nouvelle aurore,
Quoi ! déja la verdure a couvert le gazon,
Déja l'on voit éclore
Les aimables presens de Flore,
Et l'hyver est pour vous la plus belle saison.
Un Dieu présente ici cette riante image,
L'hymen porte le calme au milieu de l'orage,
Il vient, de la discorde arrêter les fureurs,
Et sur ces bords fameux annoncer mes faveurs.
La Paix ose le suivre ; & son éclat m'attire,
Je vois à son aspect rétablir mon empire,
D'un pas précipité je descends dans ces lieux,
Cette terre est pour moi plus belle que les Cieux ;

A ij

Par les faveurs de Mars elle est victorieuse,
A présent par mes biens je veux la rendre heureuse:
Que vois-je ? Mes bienfaits font-ils donc des in‑
  grats ?
O Français ! quelle ardeur vous entraîne aux com‑
  bats ?
Par d'autres actions illustrez votre histoire,
  Oui, triomphez de vos voisins jaloux,
Mais vous pouvez les vaincre en des combats plus
  doux ;
Votre Art & vos talens vous assurent la gloire,
Vous sçavez dans la paix rencontrer la victoire.

---

## SCENE II.

### LA PAIX. LA FRANCE.

#### LA PAIX.

France, voyez la Paix, & connoissez ma voix;

#### LA FRANCE.

Ne m'abusé-je point ? Est-ce vous que je vois ?

#### LA PAIX.

Mars depuis trop long-tems jouit de votre empire,
Recevez le bonheur que votre cœur désire,
  Lieux chéris de la Paix,
Je pourrai donc sur vous épuiser mes bienfaits ?
Oüi, moi-même je veux habiter cette terre,
Je répandrai sur vous une félicité,
  Telle que vous voudriez la faire ;
  Et le siécle d'or si vanté

Ne sera plus traité de fable,
Il sera sous LOUIS un siécle véritable.

### LA FRANCE.

Mais qui conduit ici vos pas ?
L'hymen vous guide-t'il en ces heureux climats ?
Et ses tendres délices
Des plaisirs de la paix sont-elles les prémices ?

### LA PAIX.

N'en doutez point : l'Hymen paré de fleurs
Vient triompher de Mars, & venger mes injures,
Il éteindra la guerre en des flâmes plus pures,
Il se plaît avec mes douceurs.
Mais après tout, pour vous n'implorez que vous-
même,
Moderez seulement votre valeur extrême,
Et si vous désirez la paix,
J'en vois l'augure en voyant l'Hymenée,
Vous pouvez combler vos souhaits,
La France fit toujours sa propre destinée.
Mais que vois-je ?

---

## SCENE III.

### LA PAIX. LA FRANCE. LA RENOMME'E.

### LA PAIX.

Parlez, touchons-nous aux momens
Qui doivent voir unir les plus parfaits Amans ?

## LA RENOMMÉE.

Pour la pompe d'Hymen, tout le peuple s'empresse,
Tous les cœurs à présent forment un seul désir;
Et chacun éprouvant le plus charmant plaisir,
Attire par des vœux cette illustre Princesse,
    Pour qui l'Hymen allume son flambeau;
Mais elle apportera dans ce lieu d'allégresse
Le plus bel ornement d'un triomphe si beau.

## LA PAIX.

Mais tous sont-ils heureux dans cet aimable azile?
Goûte-t'on un plaisir & parfait & tranquile?

## LA RENOMMÉE.

Tout le peuple se livre aux transports les plus doux,
On ignore en ces lieux la douleur & la plainte,
Il désire de voir les plus charmans époux,
La crainte de les perdre est son unique crainte.

## LA PAIX (*en soupirant.*)

Ah! puisse-t'il bien-tôt, dans le sein de la Paix,
Jouir de leur présence, & sentir leurs bienfaits.

## LA RENOMMÉE.

Qui vous trouble, ô Déesse?
J'apperçois votre cœur s'ouvrir à la tristesse;
Quoi! sur ce peuple heureux je vous entends gémir,
Et vous sentez des maux qu'il ne veut pas sentir.

## LA PAIX.

J'admire cet effort insigne;
Et moins il sent de maux, moins il m'en paroît digne.

Cette vertu qui brave mes douceurs
Mérite de jouir de toutes mes faveurs.
　　Fiers ennemis ligués contre la France,
Jusqu'à quand voulez-vous combattre sa puissance?
Paroissez réunis à l'ombre de la Paix,
　　Et connoissez le prix de mes bienfaits,
　　　La paix produit des fruits utiles,
　　Et les lauriers sont des plantes stériles,
Le Héros ne peut-il paroître généreux,
Que par une valeur au carnage animée?
Et n'est-il pas plus beau de faire un seul heureux,
　　Que de massacrer une armée?

### LA RENOMME'E.

On peut être Héros dans les tems de repos,
　　　Les vertus pacifiques
　　Sont des qualités héroïques,
Mais le Héros guerrier est le Roï des Héros.
　　　Il est Souverain de la terre,
Il dispose à son gré des Rois & des Etats,
Tout appartient à lui par les droits de la guerre,
Son titre est sa valeur, son arbitre est son bras.
　　Qui peut lui disputer la gloire?
Il la gagne en bravant les périls & le sort,
C'est au milieu des feux qu'il trouve la victoire,
C'est un bien qu'il ravit en face de la mort,
Et s'il meurt, il triomphe en terminant sa vie....
Mais que dis-je? Au Héros peut-elle être ravie?
　　　Son tombeau devient un Autel,
En cessant d'être un homme, il est un immortel.

### LA PAIX.

J'y consens, célébrez la gloire militaire,
　Le digne Conquérant est un Dieu de la terre.

Mais toujours moderé dans ses vastes projets ;
    Dans la guerre il cherche la paix,
    S'il trouble le repos du monde,
C'est pour mieux l'assurer dans une paix profonde ;
    Il unit Mars avec Themis,
Il choisit pour modéle, ou Titus ou LOUIS.
    Mais s'il combat armé de l'injustice,
S'il paroît vertueux par le secours du vice,
S'il fonde sa grandeur sur les morts & le sang,
    Il doit rougir dans le suprême rang,
Puisqu'il dévore tout dans sa fureur extrême,
L'Univers contre lui devroit être animé,
    La foudre dont il est armé
    Devroit n'écraser que lui-même.
    Et vous osez le placer dans les Cieux !
    Vous l'élevez au rang des Dieux !
Mais de quelque façon qu'un vain orgueil le nomme,
Loin d'être égal aux Dieux, il n'est pas même un homme.

## LA FRANCE.

Au moins dans vos transports n'accusez pas mon Roi,
Il voudroit, sans porter la terreur & l'effroi,
Gagner les ennemis, & non pas les détruire,
Défendre ses Sujets, & jamais ne leur nuire ;
Si l'on n'eût pas contraint son penchant généreux,
Jamais son juste bras n'eût fait un malheureux.
Peuples, qui ressentez la force de ses armes,
A ce Roi bienfaisant n'imputez pas vos larmes,
LOUIS a combattu pour la seule équité,
Et vos mains ont formé votre calamité,
Il ne désire point d'agrandir son empire,
Le bonheur de l'Europe est tout ce qu'il désire ;

Osez pour l'assurer vous unir avec lui,
Vous le verrez bien-tôt devenir votre appui,
Plus content de pouvoir pacifier la terre,
Que de la conquérir par l'horreur de la guerre.

### LA PAIX.

Oui, France, je connois ses vœux les plus secrets,
Il voudroit avec lui faire regner la paix.
Mais je crois voir briller mon illustre journée,
La présence de l'hymenée,
Sera de mon bonheur le présage charmant,
Sortez, j'attends ici ce fortuné moment,
L'Hymen doit en ce jour regler ma destinée.

## SCENE IV.
### LA PAIX. MARS.

MAis quel bruit m'épouvante ? Et que vois-je ? c'est Mars.
Ciel ! il lance sur moi de terribles regards.

### MARS.

Je le vois : mon aspect vous étonne & vous blesse,
Déja dans ces climats vous parliez en maîtresse,
Avez-vous pu penser que l'Hymen, en ces lieux
Vienne jetter la crainte ou la foiblesse ?
Non : il vient animer des efforts courageux,
Dans les feux de la guerre il allume ses feux.
Reprimez, reprimez un dessein témeraire,
Vous croyez à présent regner sur cette terre,
Mais ces Guerriers couchés dans les bras du repos,
Au seul son de ma voix deviendront des Héros;

Tout ressent dans ces lieux & la guerre & la gloire,
Voyez au moins mes coups en voyant la victoire.

### LA PAIX.

Sous un nom si charmant que vous voilez d'hor-
reurs !
Ah ! Je ne vois que trop vos cruelles faveurs,
Vous assurez la gloire & les grandeurs suprêmes,
Mais vous portez vos coups sur vos favoris mêmes,
En les favorisant vous leur percez le flanc,
Vos perfides bienfaits sont payés de leur sang.

### MARS.

Pour les Français la perte est trop légere,
Ce peuple est né pour les nobles travaux,
Un Français qui meurt à la guerre
Devient le germe d'un Héros.
Puisque dans les combats leur Monarque est leur
guide ;
Ils méprisent les coups de l'airain homicide ;
Leur Roi va partager leur sort,
En mourant à ses yeux peut-on craindre la mort ?
Il soutient les combats, son courage les livre,
Quand on marche aux dangers, le servir, c'est le
suivre.
Et son fils, dont l'Hymen nous conduit en ces lieux,
Ne dément point un sang si généreux ;
Suivi de mille attraits, & d'une Cour qui l'aime,
Le peuple, à cet instant, le prend pour l'amour
même,
Si l'on ne l'arrêtoit, il courroit aux hazards,
Bientôt on le prendroit pour Mars.

## LA PAIX.

Vous vous applaudissez en voyant votre ouvrage,
Mais je viens devant vous accuser leur courage;
Dans ces sieges sanglans & fameux à jamais,
Que LOUIS conduisoit avec tant de vaillance;
Son audace cent fois a fait trembler la France,
En combattant l'ennemi des Français.
Souvent il a bravé des armes enflamées,
Ce Prince étoit l'ame de ses armées,
Devoit-il en être le bras?
Les Rois sont-ils donc des soldats?
Sçachez qu'il exposoit le bonheur de la France,
Et son Fils courageux trop prompt à l'imiter,
Brûloit d'en exposer la seconde espérance,
Dans quels périls nouveaux alloit-il la jetter?
Oüi, Prince, étudiez les vertus d'un tel pere,
Mais voyez ce qu'il fait, & ce qu'il aime à faire;
Sa main voudroit parer ses propres coups,
Quand ses bras sont sanglans, toujours son cœur est doux.
Retenez la valeur dont votre ame est atteinte,
Et faites le bonheur du peuple & de la Cour,
Pourquoi désirez-vous d'inspirer de la crainte?
Vous êtes né pour donner de l'amour.

## MARS.

Vous osez accuser les Héros de la guerre!
Le Prince courageux vous paroît téméraire!
Mais vous pensez en vain triompher de LOUIS;
Du charme de ma gloire il paroît trop épris.
Ma main a couronné sa tête,
Je lui prepare encore une illustre conquête;

Je n'ai fait éclater que son premier exploit,
Son choix seul désormais bornera son empire,
 LOUIS ne veut que ce qu'il doit,
 Il fera tout ce qu'il désire.
  LA PAIX.
Ah ! Son ame est sensible à de plus beaux exploits,
Ce Prince sur les cœurs veut étendre ses loix,
 Ce sont là ses dignes conquêtes ;
Répandant des bienfaits, & cultivant les Arts,
Au sein de ses Etats sa main les trouve prêtes,
Et la sage Minerve est au-dessus de Mars.
Mais la France s'approche, un heureux sort la guide,
Entre Mars & la Paix qu'elle-même décide.

---

## SCENE V.
### LA PAIX, MARS, LA FRANCE.

#### LA FRANCE.

Quel est ce Dieu cruel qui trouble mes esprits ?
Mars, fuyez des climats que votre aspect irrite,
Allez loin de ces bords régner sur le Cocyte,
Vous traînez après vous la terreur & les cris,
Les lieux où vous marchez se changent en débris.
  MARS.
Est-ce vous ? Est-ce à moi que ce discours s'adresse ?
Ce langage convient à vos seuls ennemis,
 Ils ont senti ma fureur vengeresse,

Et ce dépit peut leur être permis ;
Mais vous, dont j'ai rendu la valeur si puissante,
Mais vous, par mes bienfaits encore triomphante....

### LA FRANCE.

Quels sont donc les bienfaits dont vous vantez
 le prix ?
C'est vous plutôt, dont les tempêtes
Purent retarder mes conquêtes.
Vainement vantez-vous l'effort de votre bras,
Je ne dois qu'à mon Roi l'honneur de ma victoire ;
C'est lui, qui dans mon camp a sçu fixer la gloire.
Dès qu'il marche dans les combats,
Soudain la victoire docile
Paroît attachée à ses pas,
Et le sort inconstant chez l'ennemi s'éxile,
Rien ne résiste aux coups qui partent de ses mains,
Il combat, il triomphe, il change les destins,
Seul, sans votre secours, il brisa des murailles,
Son bras est son Dieu des batailles.

### MARS.

O France ! n'accusez que ma juste fierté.
La discorde à son gré faisoit trembler la terre,
Le bruit de cette guerre
Jusques à mon séjour à peine étoit monté,
Mais quand je vis LOUIS au milieu des allarmes,
Pour servir ce grand Roi soudain je pris les armes,
Lui seul me paroissoit mériter mon appui,
Je voulois ne servir & ne suivre que lui.
Et mes bienfaits excitent vos murmures !
Ma main dans votre sang lavera ces injures,
J'abandonne mon cœur à son juste couroux,
Je vais.... quel nœud secret m'attache encore à
 vous ?...

Votre vertu me plaît, je veux encor vous suivre;
Nommez vos ennemis, & mon bras vous les livre;
  Me voici prêt à suivre votre sort;
  Osez seconder mon effort,
Ou redoutez les fruits d'un souhait téméraire,
Je présente à vos yeux mes dons ou ma colere,
Je ne vous gêne point, c'est à vous de choisir;
Parlez, voilà l'instant où l'on peut me fléchir.

### LA FRANCE.

Je vois donc sur ma tête élever un orage?
  A la valeur de mes fiers ennemis,
  Mars irrité veut joindre son courage?
Et je n'opposerois qu'un cœur lâche & soumis?
Non, non, l'honneur m'appelle, & je cours aux
  allarmes,
Lorsqu'il faut triompher le péril a des charmes;
Tous mes guerriers sont prêts à voler aux com-
  bats,
  Pour me défendre ils bravent le trépas,
Et frappez de la mort, s'ils désirent la vie,
C'est pour mourir encore en servant leur patrie.

### LA PAIX.

Allez donc moissonner ces lauriers triomphans,
Baignez-vous dans le sang de vos propres enfans.

### LA FRANCE.

Ah! De quel souvenir frappez-vous ma mé-
  moire,
J'oubliois mon bonheur à l'aspect de ma gloire:
Quoi! J'irois voir encore expirer mes guerriers?
Quoi! J'irois de mon sang arroser mes lauriers?

Où m'emportoit l'ardeur de mon courage extrême ?
Je veux vaincre mes ennemis,
Aurois un ennemi plus cruel que moi-même ?
De mes propres exploits je haïrois les fruits,
C'en est fait, éteignons le flambeau de la guerre....
Mais du Dieu des combats j'irrite la colere
Il respire le trouble & la division....
Eh bien j'affronterai les horreurs du carnage ;
Mon cœur chérit la paix par modération,
Et je sçais soutenir la guerre avec courage.
Un Dieu plus doux comblera mes souhaits,
En traçant à LOUIS un chemin vers la paix.
Le Prince qui des Dieux imite la clémence,
Les voit toujours armés pour prendre sa défense.

LA PAIX, (à *Mars*.)

Bientôt votre pouvoir doit être terrassé,
Et le fatal arrêt peut-être est prononcé ;
J'apperçois dans ces lieux la prompte Renommée,
De mon destin je vais être informée.

## SCENE VI.

### LA RENOMME'E, MARS, LA PAIX, LA FRANCE.

#### LA RENOMME'E.

JE parois m'étonner pour la premiere fois,
La Renommée ici n'a pas assez de voix.
Quelle auguste mortelle
De sa splendeur a rempli ces climats ?
Les graces marchent après elle,

Les fleurs éclosent sous ses pas;
Et les vertus dont l'éclat l'environne
Ne peuvent dignement briller que sur un trône.
Soudain se présente à ses yeux
Un Prince orné des éclatantes marques,
Qui distinguent le front des mortels demi-dieux:
C'est le plus pur du sang des plus fameux Monarques;
Son illustre destin est écrit dans ses yeux;
Empruntant ses grandeurs de sa seule personne,
Il paroît être Roi sans porter la Couronne.
Par ces objets frappans tous les yeux excités,
Comparent aussi-tôt leurs rares qualités;
Mais tous deux à la fois remportent les suffrages;
Tous deux en même-tems méritent les hommages;
Les Spectateurs lassés de leurs soins superflus
Pensent en chacun d'eux voir toutes les vertus.
A l'instant chaque voix & conspire & s'assemble,
Juge que leurs vertus doivent s'unir ensemble;
Qu'aucun ne doit remplir la place du dernier,
Que l'un sans l'autre enfin ne pourroit s'allier.
L'Hymen a confirmé cette auguste alliance;
Pour satisfaire à votre impatience.
Je l'ai précédé dans ces lieux,
Bientôt sa pompe éblouïra vos yeux.

## LA PAIX, (à *Mars*.)

Frémissez & voyez cette illustre Princesse,
Que l'Hymen a conduit sur ces bords éblouïs,
Elle arrive en ces lieux, & votre empire cesse.
Paroissez, tendre amour, renaissez jeux & ris,
Monstres enfans de Mars, soyez anéantis.

## LA FRANCE.

Dans cette saison désirée
La paix doit dominer & sur terre & sur mer,
On ne doit point sentir, en présence d'Astrée,
Les rigueurs du siecle de fer.

## LA RENOMME'E.

Un éclat m'éblouit, & l'Hymenée arrive.

## SCENE VII.

L'HYMENE'E, &c. (*tenant d'une main une branche d'olivier ; de l'autre des lauriers.*)

JE porte dans mes mains les lauriers & l'olive,
Je viens souffler la guerre & l'éteindre en ces lieux,
Mes liens ont uni deux peuples courageux,
L'Ibere & le Français formans cette alliance
Par des nœuds plus serrés unissent leur vengeance.

(*A Mars lui présentant les lauriers.*)

Dieux des combats, marchez contre leurs ennemis,
Forcez leur vaine résistance,
Si la seule équité ne les rend pas soumis,
Subjuguez-les par la puissance.

( *A la Paix lui présentant l'olivier.* )

Et vous, l'objet des plus ardens souhaits,
    Fixez vos pas sur cette terre,
    Ornez-la de tous vos attraits,
Ses ennemis vaincus termineront la guerre,
Et bientôt la victoire y conduira la paix;
Vous répandrez sur elle une plus douce gloire,
Vos biens inonderont ces aimables climats,
    Et les seuls fruits de la victoire
    Retraceront l'image des combats.

LA PAIX, ( *à Mars.* )

Ce Dieu charmant, en faveur de la France,
Dans ce jour triomphant unit notre puissance.

MARS.

Qui peut mieux que son Roi mériter nos bienfaits?

TOUS DEUX ENSEMBLE.

Soyons, pour le servir, réunis à jamais.

MARS.

    Mes armes triomphantes
De ses fiers ennemis confondront les projets;

LA PAIX.

    Et mes mains bienfaisantes
Répandront leurs faveurs sur ses heureux sujets.

---

Vû l'Approbation du Sieur Crébillon, permis d'imprimer. A Paris, ce 6 Mars 1745. MARVILLE.

---

De l'Imprimerie de JORRY.

www.ingramcontent.com/pod-product-compliance
Lightning Source LLC
Chambersburg PA
CBHW061525040426
42450CB00008B/1791